Dany Eschenbüscher

Fenster DEKO

Florale DIY-Ideen durchs Jahr

» INHALT

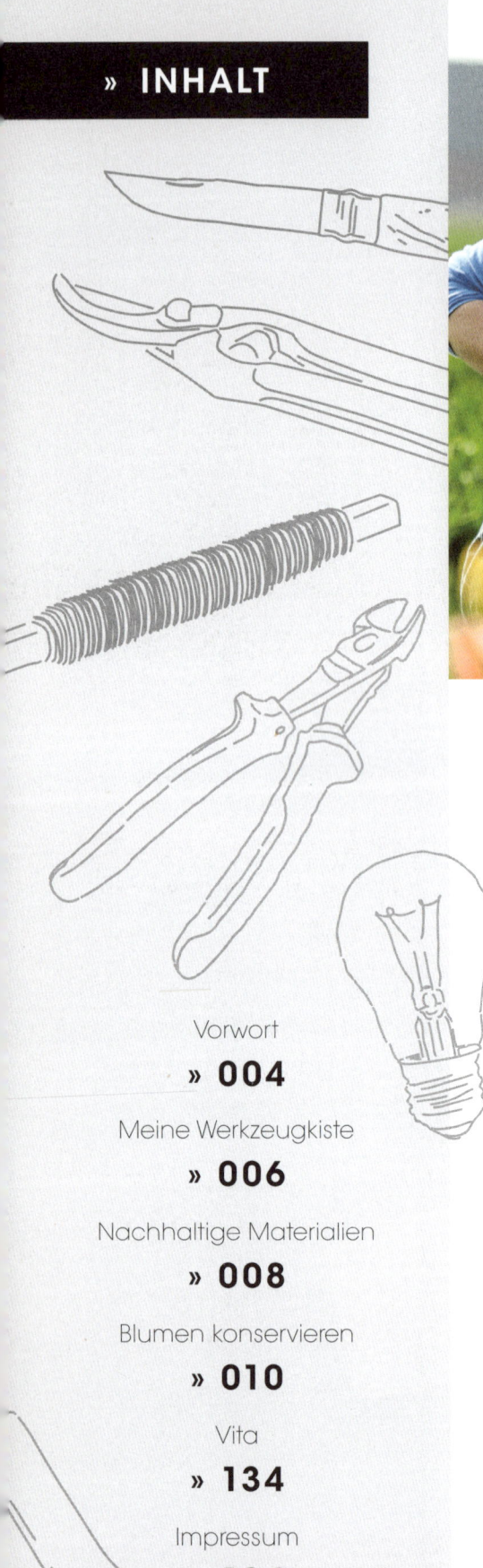

Vorwort
» **004**

Meine Werkzeugkiste
» **006**

Nachhaltige Materialien
» **008**

Blumen konservieren
» **010**

Vita
» **134**

Impressum
» **134**

Frischer
FRÜHLING
» **012**

Zartes Fensterbild	» **014**
Vintagetöpfe im Quartett	» **016**
Farbenfrohes Filterkleid	» **018**
Kunstwerk aus Pusteblumen	» **020**
Rosaroter Tupfentraum	» **024**
Kokedama-Girlande	» **026**
Ostereier mit Blumenkrone	» **028**
Birkenduo im Osterglück	» **030**
Nostalgie im Glas	» **032**
Schwebende Vogelnester	» **034**
Blüher mit Botschaft	» **038**
Hängende Blütentüten	» **040**
Maiblümchen-Gläserfüllungen	» **042**

Fröhlicher
SOMMER
» **044**

Libellen aus Weidenzweigen	» **046**
Farbstarke Flowerpower-Vasen	» **048**
Kakteenparade in Kratzvasen	» **050**
Wäscheklammer-Kränzchen	» **052**
Verträumte Außengirlande	» **054**
Gläserdeckel-Blütenampeln	» **056**
Mini-Girlande in Grüntönen	» **058**
Spitzen-Traumfänger	» **062**
Florale Ornamente	» **064**
Bunte Blütengirlande	» **066**

Bunter
HERBST
» 068

Verspielter Eichenkranz	» **070**
Papierpilze im Glas	» **072**
Hagebutten mit Botschaft	» **074**
Skulpturen aus Fruchtständen	» **076**
Prachtvoller Herbstkranz	» **080**
Stickrahmen-Pflanztasche	» **082**
Blühender Deko-Ring	» **084**
Eingewebte Floralien	» **086**
Hortensien-Bänderkranz	» **088**

Gemütlicher
WINTER
» 090

Belesener Winterkranz	» **092**
Pergament-Papierzweige	» **094**
Glänzende Kieferndeko	» **096**
Glühbirnen-Baumkugeln	» **098**
Witzige Weihnachtsbäume	» **100**
Imposanter Lichtrahmen	» **102**
Kiefernquasten-Girlande	» **106**
Rustikale Adventskerzen	» **108**
Blühende Thermoskannen	» **110**
Vintage mit Postkarten	» **112**

Kreativ im
GANZEN JAHR
» 114

Dreibeinige Moosbälle	» **116**
Filigrane Drahtblätter	» **118**
Mini-Häuser mit Ausblick	» **120**
Gefüllte Suppenkellen	» **122**
Papier-Pflanzenvielfalt	» **124**
Zeitlose Blumenbilder	» **126**
Florales Astgabel-Duo	» **130**
Kokedama-Lampenschirme	» **132**

VORWORT

Das kreative Arbeiten mit Naturmaterialien und ein hübsch dekoriertes Fenster – das sind gleich zwei Themen, die das Leben schöner machen und für die ich mich als Floristin und Fotostylistin begeistere. Als mir der BLOOM's Verlag anbot, ein Buch über floralen Fensterschmuck zu machen, sagte ich deshalb auch sofort zu. Ob prachtvoller Herbstkranz, weihnachtliche Kerzenidee oder frühlingshafte Blütengirlande – Fensterdekorationen sorgen für schöne Aussichten, egal bei welchem Wetter. Damit für jede Jahreszeit etwas dabei ist, habe ich ein ganzes Jahr lang meine, sowie die Fenster meiner Freunde mit saisonalen, floralen Arrangements und dauerhaften Kreationen dekoriert und dabei die einzelnen Arbeitsschritte festgehalten. Da mir Nachhaltigkeit und Regionalität beim Gestalten auch sehr wichtig sind, spielten Floralien aus dem eigenen Garten sowie Upcycling-Materialien aus dem Haushalt ebenfalls eine wichtige Rolle. Herausgekommen ist ein Buch mit einfach nachzumachenden Ideen in vielen Stilrichtungen und mit jeder Menge Hilfestellungen, das ich jetzt gerne mit Euch teile. Ich wünsche Euch kreative Momente mit tollem Ausblick!

Eure Dany

Ein mit Liebe geschmücktes Fenster trägt Freude, nach innen und außen

Viel Spaß
Dany

Meine WERKZEUGKISTE

In meinem Bauwagen im Garten tummeln sich neben allerlei Materialien zahlreiche Werkzeuge, mit denen ich meine Fensterdeko gestalte. Legt Euch am besten einen Grundstock zu, den Ihr dann mit der Zeit erweitert. Folgendes sollte darin nicht fehlen:

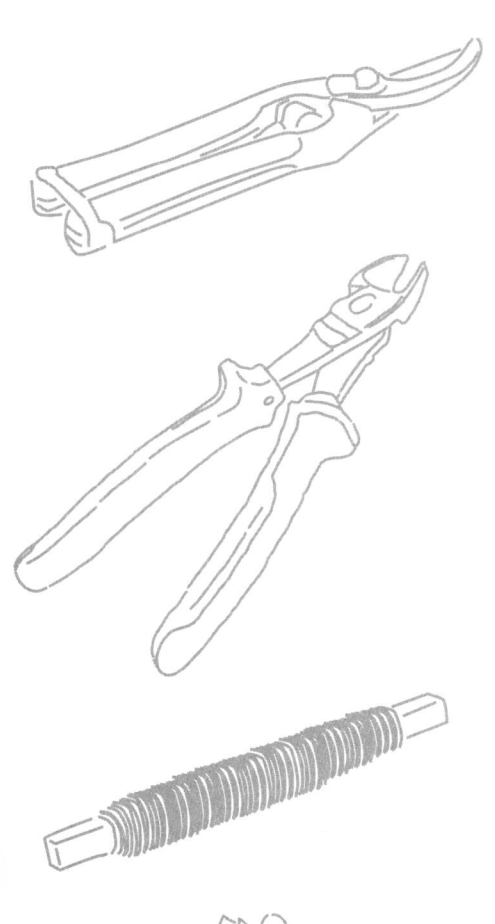

» GARTENSCHERE
Unverzichtbar für das Arbeiten mit Floralien, besonders mit Zweigen. Achtet auf gute Qualität!

» SEITENSCHNEIDER
Mit dieser Zange lassen sich unterschiedliche Drähte biegen sowie abknipsen.

» MESSER
Am häufigsten verwende ich Cuttermesser für Pappe und Schnitzmesser für Holz.

» DRÄHTE
Wickeldraht, Myrtendraht (dünner Wickeldraht), Steckdraht sowie Rebenbindedraht sind unerlässlich.

» FLORALIEN
Neben frischen Floralien verwende ich auch selbst konservierte Blumen und Blätter. Wie das geht, erfahrt Ihr auf den Seiten 10/11!

» SCHNÜRE
Naturfaserkordeln, Schnüre und verschiedenes Garn benutze ich regelmäßig.

» PINSEL
Borstenpinsel sowie feinere Haarpinsel kommen beim Arbeiten mit Farben und Kleister zum Einsatz.

» GLASRÖHRCHEN
Die Röhrchen für Blüten gibt's beim Floristen. Nicht vergessen, immer wieder nachzugießen.

» ARBEITSUNTERLAGE
Eine Plane oder alte Zeitungen schützen vor Schmutz, Nässe und erleichtern das Aufräumen.

» WEITERES ZUBEHÖR
› Allzweckschere
› Handschuhe
› Stifte
› Klebstoffe

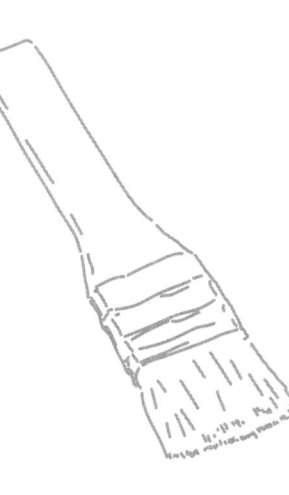

» BASIS**WISSEN**

Nachhaltige MATERIALIEN

Beim Gestalten nutze ich am liebsten nachhaltige oder regionale Werkstoffe. Mein Garten und die Pflückfelder in der Nähe liefern mir unter anderem Floralien, ausgediente Gegenstände sowie Flohmarktfunde finden neue Verwendung. Mittlerweile habe ich einen ganzen Upcycling-Fundus in meiner Werkstatt. Sicherlich kaufe ich auch mal was neu, aber über Alternativen nachzudenken, fördert die Kreativität, schont die Umwelt und macht viel Freude!

NATÜRLICHE WERKSTOFFE

Neben dem eigenen Garten und Pflückfeldern in der Umgebung ist der Florist die beste Wahl, um Naturmaterialien zu beziehen. Einfach mal fragen, wenn Ihr etwas braucht. Dort bekommt Ihr beispielsweise das Moos für Kokedamas, Fruchtstände und Zweige sowie die geschützten Maiglöckchen (Vorsicht giftig!).

UPCYCLING-MATERIALIEN

» BEMALEN, BEKLEBEN, UMMANTELN – ALTE GLÄSER LASSEN SICH SCHNELL AUFPEPPEN!

» WAS IST UPCYCLING?

Nicht alles, was zuhause nicht mehr gebraucht wird, muss gleich auf den Müll wandern. Beim Upcycling werden ausgediente oder kaputte Gegenstände, Verpackungen sowie Bau- oder Bastelreste kreativ wiederverwendet und dabei aufgewertet. Paletten werden zur Sitzgelegenheit oder defekte Glühbirnen zum Baumschmuck. Überlegt Euch bei jedem Eurer Projekte, wie sie mit bereits vorhandenen Materialien realisierbar sind. Wer z. B. keine Einmachgläser für die oben gezeigten Ideen hat, kann andere Glasgefäße nehmen. Werdet kreativ und genießt Eure nachhaltigen, individuellen Kreationen!

» FUNDUS ANLEGEN

Folgende Gegenstände eignen sich gut für den Bastel-Bestand:
› Einmachgläser
› Glasflaschen
› alte Bücher und Zeitungen
› Postkarten
› alte Tischdecken und Spitzendeckchen
› Stickrahmen
› defekte Gegenstände (z. B. kaputte Glühbirnen)
› Flohmarktfunde (z. B. Vasen, Bilderrahmen)
› persönliche Schätze (z. B. alte Fotos)

» ORDNUNG HALTEN

Um den Überblick zu behalten, ist es sinnvoll, Euren Fundus zu sortieren und zu beschriften. Alte Setzkästen oder verschiedene Boxen eignen sich gut für Kleinteiliges. In kleinere Gläser gefüllt, nehmen Farb- oder Kleisterreste weniger Platz weg.

» RESTE AUFHEBEN

Diese Überbleibsel beim Gestalten lassen sich toll weiter verwenden:
› Farben und Lacke
› Stoffe, Bänder und Wolle
› Beton
› Holz
› Papiere
› Kleister

» **BASISWISSEN**

Blumen
KONSERVIEREN

Trockene Blüten sind einfach zauberhaft! Viele schöne Dinge lassen sich mit ihnen gestalten. Deshalb konserviere ich, wann immer ich kann, die Blumen und Blätter, die bei meiner Arbeit übrig bleiben. Entweder hänge ich sie einfach kopfüber zum Trocknen auf oder ich presse sie in Büchern.

BLÜTEN TROCKNEN

Fast alle Blumen lassen sich kopfüber sowohl einzeln, als auch im Bündel gut lufttrocknen. Besonders eignen sich Blumen und Pflanzen mit wenig Feuchtigkeit, wie etwa Strohblumen, oder Blumen mit festen Blütenköpfen, wie Rosen. Sie verändern ihre Form nicht so stark wie andere Floralien. Die Länge des Trocknungsprozesses ist dabei abhängig von der Größe und Feuchtigkeit der Blüten.

BLÜTEN PRESSEN

» GEPRESSTE BLÜTEN EIGNEN SICH AUCH FÜR PAPETERIE WIE LESEZEICHEN UND KARTEN.

» MATERIAL

› ausrangiertes, dickes Buch oder Skizzenblock
› weißes, saugfähiges Papier
› Blüten und/oder Blätter

» ANLEITUNG

Überprüft, ob die Blumen trocken sind. Es darf sich keine Feuchtigkeit, wie beispielsweise Tau, an ihnen befinden. Die Pflanzen zwischen zwei Papierstücken platzieren und mittig in ein dickes Buch legen.
Das Pressbuch an einen warmen, trockenen Ort legen und mit weiteren Büchern beschweren. Nach 24 Stunden die beiden Papiere wechseln, diesen Vorgang alle zwei Tage wiederholen, bis die Floralien getrocknet sind. Das kann, abhängig vom Volumen und der Feuchtigkeit der Pflanzen, mehrere Wochen dauern.

» ACHTUNG!

Floralien, die flach oder klein sind, zum Beispiel Gänseblümchen, eignen sich gut zum Pressen, voluminöse Blüten wie Rosen dagegen eher nicht. Hier könnt Ihr stattdessen einzelne Blütenblätter pressen.

» DEKO-IDEE

Gepresste Blütenstände oder Blätter werden zwischen zwei gleich großen Glasscheiben zum Blickfang. Zum Fixieren die aufeinander gelegten Scheiben an beiden Seiten einmal mit Schnur umwickeln und die Enden zur Aufhängung lang lassen.

Frischer FRÜHLING

Wenn mein Blick aus dem Fenster auf die aus dem Winterschlaf erwachende Natur fällt, räume ich die Fensterbänke ab und kehre den letzten Wintermuff raus. Die Frühjahrsblüher müssen dringend ins Haus geholt werden – die reinste Farbtherapie! Mit Hund und Katzen auf den Fersen laufe ich ein und aus, um Altes rauszubringen und Frisches hinein. Für meine Fensterdeko verwende ich neben Frühlingsblumen gerne knospige Zweige sowie Eier und Federn zur Osterzeit.

Meine Favoriten im Frühjahr

TRÄNENDES HERZ · TRAUBENHYAZINTHE · MAIGLÖCKCHEN

Sobald es draußen zu sprießen beginnt, hole ich mir einen Strauß Frühlingsblüher ins Haus. Kombiniert mit einem Fensterbild aus den im letzten Jahr getrockneten Blumen entsteht ein erfrischendes Duett.

Zartes FENSTERBILD

Das braucht Ihr: » getrocknete Blüten » Glasbilderrahmen in 2 verschiedenen Größen » Kordel » Gewebeband

» WIE MAN BLÜTEN TROCKNET, ERFAHRT IHR AUF DEN SEITEN 10/11!

❶ Die Glasscheiben aus den Rahmen lösen.

❷ Getrocknete Blüten auf die größere Scheibe legen, dabei an den Rändern Platz lassen. Zwei kleine Streifen Gewebeband jeweils zu einer Rolle Formen, bei der die klebende Seite außen ist. Diese auf gleicher Höhe in der unteren Hälfte der Scheibe zwischen den Blumen platzieren, dann die kleinere Scheibe auflegen und andrücken.

❸ Kordel auf Höhe der Klebestellen mehrfach fest um das Blütenbild wickeln und anschließend verknoten. Dabei das Gewebeband vollständig verdecken. Das Blütenbild ins Fenster stellen.

» TIPP

AM BESTEN DAS BILD UNAUFFÄLLIG MIT DURCHSICHTIGEM KLEBEBAND AN DER FENSTERSCHEIBE FIXIEREN, UM SICHERZUGEHEN, DASS ES NICHT UMFÄLLT.

Aus alten Büchern, Einmachgläsern und einem Rest Farbe aus der Abstellkammer entstehen Töpfe für Blüher, die Ihr später auch auspflanzen könnt.

Vintagetöpfe IM QUARTETT

Das braucht Ihr: » Frühlingsblühpflanzen (z. B. Balkan-Windröschen) » Einmachgläser » Buchseiten » Kordel » Abtönfarbe in einem Pastellton (z.B. Flieder) » Klebstoff (z. B. Heißkleber oder Kleister)

❶ Buchseiten mithilfe von Klebstoff um das Einmachglas kleben.
❷ Ränder so abschneiden, dass sie an beiden Seiten nur leicht überstehen.
❸ Papier an der Unterseite umknicken und am Glasboden fixieren.
❹ Einen Kreis in Größe der Glasunterseite aus einer Buchseite ausschneiden und unten aufkleben.
❺ Die Papiermanschette seitlich nach Belieben kolorieren und trocknen lassen. Anschließend eine Kordel um das Gefäß binden. Pflanztopf einsetzen. Auf diese Art mehrere Töpfe im Vintage-Design herstellen und auf der Fensterbank aufreihen.

» TIPP

ACHTET BEIM GIESSEN DARAUF, STAUNÄSSE ZU VERMEIDEN!

Papier- oder Kaffeefilter eignen sich toll zum Basteln. Hier verwandeln sie Einmachgläser in schicke Vasen.

Farbenfrohes FILTERKLEID

Das braucht Ihr: » Frühlingsblumen (z. B. Löwenzahn, Vergissmeinnicht, Traubenhyazinthen) » Kaffeefilter mit rundem Boden (Korbfilter) » Einmachgläser » Zierdraht » verschiedene Abtönfarben » Kordel » Heißkleber

❶ Filtertüten auf drei verschiedene Größen zuschneiden.

❷ An den Rändern in jeweils einer anderen Farbe bemalen.

❸ Die größte Filtertüte um den Glasboden legen und mit Zierdraht befestigen. Die weiteren Filter von groß nach klein auf gleiche Art anbringen.

❹ Damit nichts verrutscht, die mittleren Lagen am Boden zusätzlich mit Heißkleber fixieren. Die letzte Filtertüte aufkleben und andrücken. Nach Wunsch weitere Gefäße herstellen und mit Blumen im Fenster arrangieren.

❺ Die übriggebliebenen Filtertüten könnt Ihr in Grüppchen auf Kordel auffädeln, mit Draht befestigen und diese ins Fenster hängen.

» **IDEE** im Detail

Kunstwerk AUS PUSTEBLUMEN

Die kurze Zeit zwischen einer reifen Löwenzahnblüte und dem nächsten Windstoß abzupassen, ist an für sich schon eine Kunst. Die zarten Pusteblumen heil ins Haus zu transportieren und dann auch noch mit ihnen zu dekorieren – das ist eine wahre Herausforderung. Mit einer kleinen Dose Haarspray im Gepäck geht es ab auf die Wiese, um die fragilen Gebilde zu konservieren. Nach dem Besprühen sollte man die Blütenstängel immer noch wie rohe Eier behandeln, aber sie halten eine Weile.

Das braucht Ihr:

» Pusteblumen » Wiesengräser mit Blütenständen » Weidenast (frisch geschnitten)
» Haarspray » Schnitzmesser » Akkuschrauber

» **IDEE** im Detail

SO WIRD'S
gemacht

① Wiesengräser und Pusteblumen sammeln. Dabei die Pusteblumen einzeln schneiden und ihre Samenstände sofort vorsichtig mit Haarspray besprühen.

② Den hohlen Stiel ca. 4 cm unter der Blüte abschneiden und einen stabilen Grashalm unten einstecken.

③ Die Rinde des frisch geschnittenen Weidenasts abschälen. Mit dem Schnitzmesser an einer Längsseite etwas abflachen, sodass der Ast eine Liegefläche hat.

④ Auf der Astoberseite mit dem Akkuschrauber Löcher für die Gräser und Blütenstände bohren.

⑤ Den Ast auf die Fensterbank legen und die Floralien parallel in Reihe einstecken. Nach Wunsch Kieselsteine dazu dekorieren.

Tupfen macht Spaß, weil es so einfach ist. Die locker gestreuten Punkte strahlen immer gute Laune aus.

» EINE WEITERE SCHNELLE IDEE MIT EINMACHGLÄSERN FINDET IHR AUF DEN SEITEN 42/43!

Rosaroter TUPFENTRAUM

Das braucht Ihr: » Frühlingsblumen (z. B. Tulpen) » Einmachgläser » Abtönfarben in den Farben der Blüten » Handschuhe

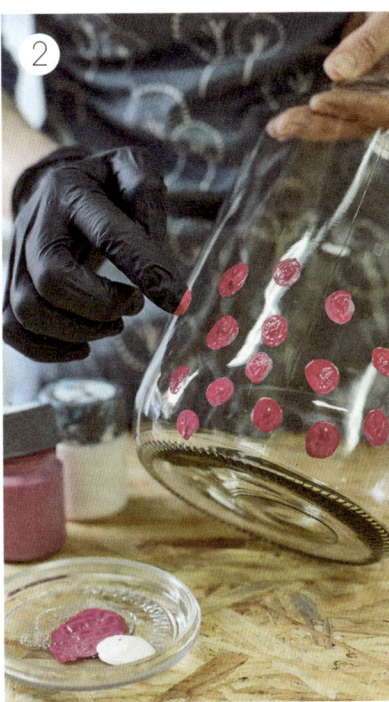

1. Eine tolle Auswahl an Tulpen bekommt Ihr beim Floristen oder auf dem Feld zum Selberpflücken in Eurer Region.
2. Mit dem behandschuhten Finger Farbtupfen auf das Glas auftragen und trocknen lassen. Farbton in zwei Stufen aufhellen und Vorgang wiederholen.
3. Gefäße mit Wasser füllen und die Blüher einstellen. Im Fenster arrangieren.

» TIPP

WENN MAN DIE GLÄSER IN WARMES WASSER LEGT, KANN MAN DIE FARBE NACH KURZER ZEIT WIEDER ABSCHRUBBEN.

Die als „Kokedamas" bekannten Moosbälle sind einfach herzustellen. Mit Frühblühern bestückt, könnt Ihr sie nicht nur drinnen, sondern auch draußen aufhängen und später als Ganzes auspflanzen.

Kokedama GIRLANDE

Das braucht Ihr: » Frühlingsblühpflanzen (z. B. Tausendschön) » Moos
» Holzkugeln in verschiedenen Größen » Kordel » Garn

❶ Pflanzen aus dem Kulturtopf nehmen.

❷ + ❸ Moos um den Wurzelballen legen und mehrfach mit Garn umwickeln, bis das Moosbällchen stabil ist.

❹ Drei Kordeln zusammennehmen und durch eine Holzkugel fädeln. Am Ende dick verknoten, damit der Strang nicht herausrutschen kann. Holzkugel an die Kokedama-Unterseite anlegen, dann die offenen Schnurenden um das Moosbällchen führen und oberhalb der Pflanze verknoten. Auf diese Weise mehrere Kokedama-Hängeampeln anfertigen.

❺ Holzkugeln dicht an dicht auf eine lange Kordel fädeln und diese horizontal vor dem Fenster aufhängen. Kokedama-Hängeampeln zwischen die Holzkugeln knoten.

» TIPP

ZUM WÄSSERN DIE PFLANZEN EINFACH ABKNOTEN UND IN EINEN EIMER WASSER STELLEN. VOLLSAUGEN LASSEN, HERAUSNEHMEN UND, UM FLECKEN ZU VERMEIDEN, ÜBER NACHT IN DER DUSCHE ABTROPFEN LASSEN. ERST DANN WIEDER AN DER GIRLANDE FESTBINDEN.

Auf meinen Reisen durch Osteuropa bewundere ich immer wieder die traditionellen Blumenmuster. Sie zieren Stoffe, Holzlöffel, manchmal sogar Hauswände. Und sogar Ostereier.

Ostereier mit BLUMENKRONE

Das braucht Ihr: » getrocknete Blüten » kleine Zweigstücke (ca. 1–2 cm) » ausgeblasene Gänseeier » Kordel » Klebstoff (z.B. Alleskleber oder Heißkleber)

❶ Das Ende einer Kordel mittig an einem Zweigstück festknoten.

❷ + ❸ Zweigstückchen vorsichtig in die Öffnung der breiteren Seite in einem Gänseei stecken. Es dient als Anker für die Aufhängung. Das Ei sollte sich nun an der Kordel mit der Spitze nach unten hin hängen lassen.

❸ Getrocknete Blüten mit Heißkleber am Ei befestigen. Dabei überwiegend nur die obere Eihälfte bekleben. Anschließend vor dem Fenster aufhängen.

» WIE MAN BLÜTEN TROCKNET, ERFAHRT IHR AUF DEN SEITEN 10/11!

Diese Dekoration mit kleinen Birkenstämmchen ist schnell gemacht und eignet sich als schöner Schmuck für Feste.

Birkenduo IM OSTERGLÜCK

Das braucht Ihr: » 2 Birkenstämmchen » Frühlingsblühpflanzen (z. B. Vergissmeinnicht, Tausendschön) » Heu » kleine Aststücke » Papiermüllsäcke » ausgeblasene Gänseeier » Buchseiten » Zierdraht » Kordel » Abtönfarben » Blumentopf-Untersetzer » Klebstoff (z. B. Alleskleber)

❶ In beide Papiermüllsäcke einen Blumentopf-Untersetzer stellen und die Birkenstämmchen darauf setzen. Die Frühlingsblumen samt Kulturtopf oben um die Birkenstämme arrangieren. Heu locker dazwischen stecken.

❷ Die ausgeblasenen Eier einzeln vorsichtig auf Zierdraht auffädeln und jeweils in den Ästen der Birke befestigen. Pro Birkenstämmchen 2–4 Eier verwenden.

❸ Für die Herzgirlande mehrfach 2 übereinandergelegte Buchseiten zu Herzen ausschneiden. Die Herzen jeweils an der Vorder- und Rückseite teilweise kolorieren. Ein langes Stück Kordel zwischen die übereinanderliegenden Herzpapiere kleben, sodass eine Girlande entsteht. Diese zwischen den ins Fenster gestellten Birken aufhängen. Das Ensemble nach Wunsch mit Eiern dekorieren.

» Einfache **IDEE**

Nostalgie
MIT FOTOS

Anstatt Ihr Dasein in verstaubten Kisten zu fristen, kommen alte Fotos in Vintage-Dekorationen groß raus. Hier wurden sie um einen Strauß aus prächtigen Pfingstrosen arrangiert.

Dabei dient ein Stück Gitterdraht, das bei der Gartenarbeit übrig geblieben ist, als alternative Pinnwand.

Einfach das Gitter schwarz anstreichen und um ein blütengefülltes Gefäß legen. Daran lassen sich die Fotos mithilfe von Wäscheklammern wunderbar befestigen. Die Drahtpinnwand wertet das schlichte Einmachglas zudem optisch auf.

» **IDEE** im Detail

Schwebende VOGELNESTER

Bei Spaziergängen oder im Auto an der Ampel fällt mir immer wieder auf, wie halsbrecherisch und kreativ die Vögel ihren Nestbau betreiben. Jedes Frühjahr versuche ich mich daran, die kleinen gemütlichen Gebilde nachzuahmen. Diese hier habe ich aus trockenem Gras sowie frischen Efeuranken gewunden und in knospige Magnolienzweige gebettet. Da ich ein so großes Fenster habe, wurden dann gleich fünf davon auf unterschiedlichen Höhen nebeneinander aufgehängt. Ein paar der Eier in den Nestern habe ich mit einem Sud aus Teeblättern dunkler gefärbt. Das gibt dem Arrangement eine österliche Note, ohne den natürlichen Eindruck zu zerstören.

Das braucht Ihr:

» Efeuranken » Magnolienzweige » Moos » Stroh » trockene Gräser
» verschiedene ausgeblasene Eier » Kordel » Federn » Garn » Heißkleber

Kleine Nester könnt Ihr auf ähnliche Art herstellen und mit ihnen dekorieren. Eine toller Hingucker für meine Vergissmeinnicht in der Vase!

» IDEE im Detail

SO WIRD'S *gemacht*

1. Aus Moos, Stroh und den Gräsern mithilfe von Garn jeweils einen Ring formen.
2. Moosring in den Strohring setzen, Grasring obenauf legen.
3. Zum Nest formen und durch Umwickeln mit Garn fixieren.
4. Magnolienzweige hindurchstecken und gegebenenfalls mit Schnur stabilisieren.
5. Efeuranken um das Nest legen und ebenfalls mit Garn befestigen.
6. Eier mit Heißkleber in das Nest kleben, drei Kordeln als Aufhängung an das Gebilde anbringen. Weitere Nester herstellen und diese in unterschiedlichen Höhen vor dem Fenster aufhängen. Federn an Kordeln binden und anknoten.

FRISCHER FRÜHLING » 037

Achtet darauf, dass Ihr die Nester nicht gerade anbringt, sondern leicht schräg, sodass die hübschen Füllungen von innen oder außen sichtbar sind.

Zu kleinen Tütchen vernähte Buchseiten werden mit verschiedenen Blumen befüllt. Die Stoffstreifen waren Bestandteil eines ausgedienten Flickenteppichs.

# *Blüher* MIT BOTSCHAFT

Das braucht Ihr: » Frühlingsblühpflanzen (z. B. Hornveilchen, Traubenhyazinthen, Tulpen) » Stoffstreifen » Buchseiten » Tonpapier » Bandreste » Zackenschere » Folie » Nähmaschine

❶ Für die Taschen Stoffstreifen an zwei Buchseiten waagerecht im oberen Drittel festnähen, die Enden für das spätere Verknoten etwas länger lassen.

❷ Zwei weitere, aufeinandergelegte Buchseiten auf die ersten legen und an drei Seiten mit Zickzackstich zu einer Tüte vernähen. Dabei seitlich nicht bis zum oberen Rand nähen, sondern nur bis auf Höhe des Stoffstreifens.

❸ + ❹ Den frei gelassenen Rand der Tüte mit der Zackenschere zuschneiden und als Lasche umklappen. Weitere Taschen auf gleiche Art herstellen. Anschließend die Zwiebeln oder Wurzelballen der Blüher mit Folie ummanteln und in die Tüten setzen.

❺ Die überstehenden Bänder an den Taschen zur Girlande aneinander knoten, diese ins Fenster hängen. Zum Schluss die Buchstaben für die Botschaft aus Tonpapier ausschneiden und aufkleben.

» TIPP

DIE BUCHSTABEN EINFACH FREESTYLE AUSSCHNEIDEN. SO ENTSTEHT EIN LÄSSIGER LOOK.

FRISCHER FRÜHLING » 040

Ausgediente Bücher,
die sich im Keller langweilen,
werden hier zur Spitztüte
mit Blütenfüllung.

Hängende BLÜTENTÜTEN

Das braucht Ihr: » Frühlingsblumen (z. B. Peruanischer Blaustern, Ranunkeln, Gelber Milchstern)
» Buchseiten » Schnur » Glasröhrchen » Nähmaschine

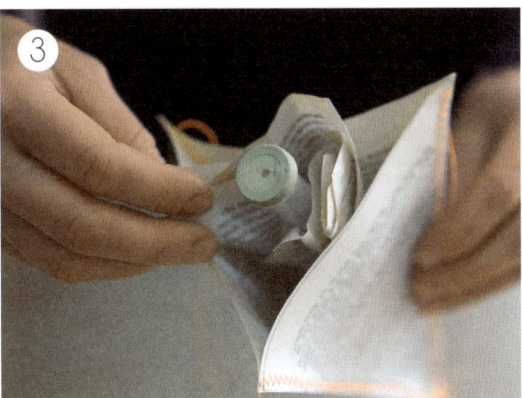

1. Für eine Tüte 9 gleich große, spitz zulaufende Dreiecke aus Buchseiten ausschneiden und jeweils zu 3 Stapeln aufeinanderlegen. Papierreste aufheben.
2. Die Papierstapel an den langen Seiten mit Zickzackstich zur Tüte zusammennähen. Den Faden am Ende der Naht nach oben hin immer schön lang lassen, denn er lässt sich später als Aufhängung benutzen.
3. Wasserröhrchen mit Papierresten in den Tüten stabilisieren.
4. Ein langes Stück Schnur als Girlande vor das Fenster hängen und Blütentüten daran festknoten. Röhrchen mit Wasser füllen und Blüten einstellen.

» TIPP

BEFESTIGT DIE TÜTEN AUF UNTERSCHIEDLICHEN HÖHEN AN DEM GARN, DAS WIRKT LOCKERER.

FRISCHER FRÜHLING » 042

» Einfache **IDEE**

Maiblümchen
GLÄSER-
FÜLLUNGEN

*D*iese alten Einmachgläser habe ich auf dem Dachboden gefunden, als ich auf der Suche nach etwas ganz Anderem war. Ich weiß noch, dass ich die Leiter sehr glücklich heruntergestiegen bin – in der Hand viele mit Staub und Spinnenweben bedeckte Gläser.

Nach einem heißen Bad sahen sie wieder top aus. Einen Streifzug durch den Garten meiner Mutter, schon waren kleine Kostbarkeiten eingesammelt und in den Gläsern zusammen mit altem Geschirr auf der Fensterbank angerichtet.

Fröhlicher SOMMER

Mein Fenster sehe ich im Sommer ebenso oft von draußen wie von drinnen, denn in den Sonnenstunden möchte ich am liebsten nur im Garten sein und mich um meine Pfingstrosen, Flieder und Co. kümmern. Auch im Fenster habe ich diese Blumen gerne. Wenn es sehr heiß ist, können die Blüten allerdings auch mal schlapp machen. Deshalb gestalte ich zusätzlich haltbare Ideen für drinnen, die dann meine Aussicht verschönern.

Meine Favoriten im Sommer

WICKE DAHLIE WIESEN-BÄRENKLAU

FRÖHLICHER SOMMER » 045

Vor dem Blühzweig scheinen die zarten Libellen aus Weide beinahe zu schweben. Sie entstanden aus dünnen Ästen, die beim Bau unseres Gartenzauns übriggeblieben sind.

Libellen aus WEIDENZWEIGEN

Das braucht Ihr: » Weidenzweige (jung, frisch geschnitten) » Tonpapier » Garn » Alleskleber » Akkuschrauber » Schnitzmesser

❶ Für eine Libelle einen dünnen Weidenzweig nah an der Astgabel abschneiden, sodass noch ein knubbelartiger Rest der Gabelung am Zweigstück verbleibt. Dieser Knubbel wird später, mit der Schnittstelle nach oben, der Kopf der Libelle. Davon ausgehend den Zweig mit dem Schnitzmesser in Form bringen.

❷ Die Rinde des Zweigs abschälen, auf dem späteren Libellenrücken einen Streifen Rinde stehen lassen.

❸ Als Halterung für die Libellenflügel den Zweig seitlich unterhalb des „Libellenkopfes" vorsichtig durchbohren. Mithilfe eines Messers das Loch aufspalten.

❹ + ❺ Jeweils 2 große und 2 kleine Flügel ausschneiden und seitlich in die Libelle stecken. Die kleinen Flügel weisen nach vorne, die größeren nach hinten. Mit Alleskleber fixieren. Weitere Libellen herstellen, mit Garn anknoten und ins Fenster hängen.

» TIPP

STELLT HINTER DIE LIBELLEN EINEN BLÜHZWEIG, BEISPIELSWEISE EINEN SPIERSTRAUCH.

FRÖHLICHER SOMMER » 048

» Einfache **IDEE**

Farbstarke
FLOWERPOWER VASEN

FRÖHLICHER SOMMER » 049

Diese Kristallvasen sind das Resultat vieler Sonntagvormittage, die ich auf Berliner Flohmärkten verbracht habe.

Meine Fundstücke reihe ich mit Gladiolen gefüllt auf der Fensterbank auf, dabei kombiniere ich unterschiedliche Kristallvasen mit -gläsern, sodass eine spannende Mischung aus Formen und Höhen steht.

Durch den Schliff der Gläser und das saubere Wasser entsteht ein frischer Effekt, wenn sich das Sonnenlicht darin bricht.

Die alten Kristallvasen sehen nicht nur mit bunter Blumenfüllung wunderbar aus. Auch als Pflanzgefäße machen sie eine gute Figur. Außerdem lassen sie sich super einfach mit Farbe aufpeppen. Auch eine tolle Gelegenheit, Farbreste zu verarbeiten.

Kakteenparade IN KRATZVASEN

Das braucht Ihr: » Kakteen und/oder Sukkulenten im Topf » Kristallvasen mit Muster » Abtönfarben in verschiedenen Tönen » Pflanzerde

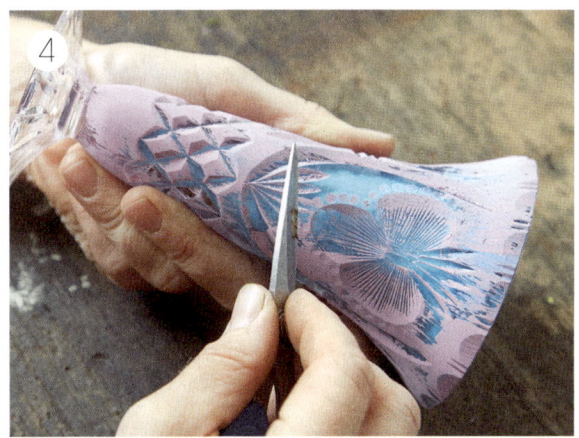

❶ Farben in die Vasen gießen und schwenken, bis die Vaseninnenseite vollständig mit Farbe bedeckt ist.

❷ Farben wieder zurück in den Farbtöpfe füllen, sie können wiederverwendet werden. Trocknen lassen.

❸ Die Außenflächen der Vasen unregelmäßig mit einer anderen Farbe bestreichen. Erneut trocknen lassen.

❹ Mit dem Rücken einer Schere oder einem Messer vorsichtig Farbe partiell an den Außenseiten wegschaben, damit das Muster der Vasen wieder sichtbar wird. Pflanzen in Erde einsetzen und auf der Fensterbank aufreihen.

» TIPP

FÜR DEN VINTAGE-LOOK EIGNEN SICH AM BESTEN HELLE PASTELL-TÖNE ODER WEISS FÜR DIE AUSSENSEITE DER VASEN. DIE FARBE DER INNENSEITEN DARF AUCH SCHON MAL KRÄFTIGER AUSFALLEN.

FRÖHLICHER SOMMER » 051

FRÖHLICHER SOMMER » 052

Wäscheklammer KRÄNZCHEN

Eigentlich wollte ich diesen Kranz „mal eben schnell" aus schon vorhandenen Holzwäscheklammern anfertigen. Doch leider reichten sie nicht aus. Also kaufte ich im Baumarkt Klammern nach. Zuhause angekommen, bemerkte ich, dass sie viel größer waren als die anderen. Wunderbar, so lassen sich Glasröhrchen prima festklemmen! Mit Wasser füllen und Blüten hineinstellen.

Das braucht Ihr: » Sommerblumen (z. B. Pfingstrosen, Kerbel) » Drahtring » Holzwäscheklammern in unterschiedlichen Größen » Glasröhrchen » Band

❶ Die Holzwäscheklammern so auf den Drahtring klemmen, dass größere und kleinere Klammern in regelmäßigen Abständen auf dem Ring verteilt sind. Platz für ein Band zur Aufhängung lassen, dieses durch den Ring führen und den Kranz aufhängen.

❷ In die größeren Klammern 2–3 Glasröhrchen einklemmen, mit Wasser befüllen und die Blüten einsetzen. An weitere Klammern lassen sich zum Beispiel Notizzettel anbringen.

» TIPP

STATT NOTIZZETTEL KÖNNT IHR AUCH FOTOS ODER POSTKARTEN IN DEN KRANZ KLEMMEN.

FRÖHLICHER SOMMER » 054

» Einfache **IDEE**

Verträumte
AUSSEN-
GIRLANDE

FRÖHLICHER SOMMER » 055

$\mathcal{E}$rinnert Ihr Euch an die Birkenstämmchen aus meiner Frühlingsdeko? Hier haben sie schon richtig viele Blätter gebildet.

Auf Stühle gestellt, verwende ich ihre Astgabeln als Halterung für einen langen Stock. Dieser dient dann als Aufhängung für blütengefüllte Flaschen und Girlanden aus alten Spitzendeckchen.

Er bleibt beim Dekorieren mit Einmachgläsern meistens übrig: der Deckel. Der kann aber auch was!

Gläserdeckel BLÜTENAMPELN

Das braucht Ihr: » Sommerblüten (z. B. Dahlien, Gladiolen) » Einmachglasdeckel » Steckdraht » Wickeldraht » Seitenschneider

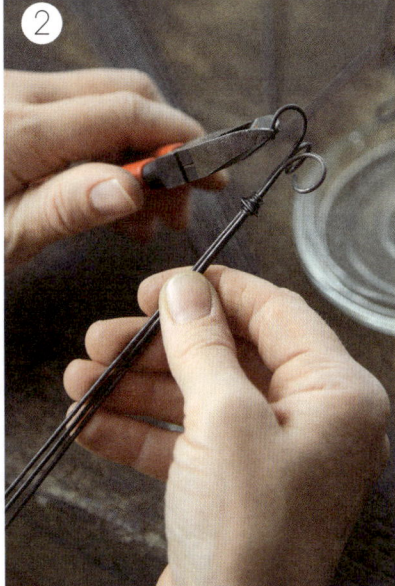

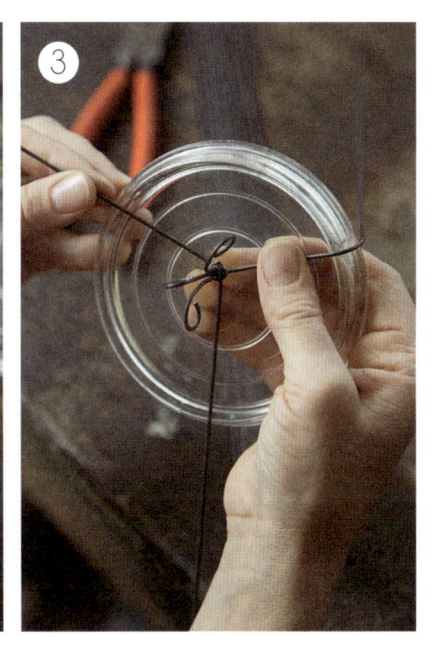

❶ Für eine Blütenampel 3 Steckdrähte zusammennehmen. Mit Wickeldraht ca. 3 cm oberhalb der Drahtenden fest zusammenwickeln.

❷ Die einzelnen kurzen Drahtenden unterhalb der Wicklung jeweils mit dem Seitenschneider nach oben biegen und in einer Kreisbewegung zur Mitte führen.

❸ Die langen Drähte oberhalb der Wicklung jeweils um 90 Grad nach außen biegen, dabei auf gleiche Abstände zwischen den Drähten achten.

Einen Einmachglasdeckel mit der Unterseite nach oben zentriert auf die Konstruktion legen. Nun die einzelnen Steckdrähte am Deckelrand hochbiegen und mit Wickeldraht im oberen Bereich aneinander fixieren. Die herausschauenden Drahtenden zur Schlaufe biegen, die als Aufhängung dient. Auf diese Weise weitere Drahtampeln herstellen. Ins Fenster hängen, anschließend die Einmachglasdeckel mit Wasser füllen und mit Blüten bestücken.

» **IDEE** im Detail

Mini-Girlande
IN GRÜNTÖNEN

Unser Garten ist jetzt ein wahres Fest an Grüntönen, das mich zu immer neuen Kreationen inspiriert. Wiesen-Bärenklau, Strandflieder, Fette Henne und die schönen Blüten der Hortensiensorte 'Annabelle' sind schnell gepflückt und zusammen mit Eukalyptuszweigen und Echeverien um ein langes Stück Band gewunden. Ich habe hier gestreiftes Hosenband verwendet, das ich noch übrig hatte. Aber auch andere robuste Bänder oder Kordel eignen sich.

Das braucht Ihr:

» Eukalyptuszweige » Strandflieder » Wiesen-Bärenklau-Blütenstände » Ballhortensie
» Fette Henne » Echeverien » Myrtendraht » Band (z. B. Hosenbundverstärker) oder Kordel

FRÖHLICHER SOMMER » 059

» **IDEE** im Detail

SO WIRD'S
gemacht

① Floralien auf dem Tisch ausbreiten. Das Ende der Myrtendraht-Rolle am Band fixieren.

② + ③ Nun die Floralien bunt gemischt am Band befestigen: Dafür diese einzeln oder in kleinen Sträußchen nacheinander an das Band anlegen und die Stiele jeweils direkt unterhalb der Blätter beziehungsweise der Blüten mit dem Myrtendraht festwickeln. Den Draht weiter abspulen und nicht abschneiden, bis die Girlande die gewünschte Länge erreicht hat.

④ Als Abschluss eine oder mehrere Floralien in umgekehrter Richtung anlegen und ebenfalls festwickeln, um den Abschluss zu kaschieren. Myrtendraht verzwirbeln und abschneiden. Die Girlande an den Bandenden aufhängen.

Achtet darauf, dass die Stiele unterhalb der Blüten und Fruchtstände nicht zu lang und weitestgehend von Blättern befreit sind. So lässt es sich leichter wickeln.

FRÖHLICHER SOMMER » 061

FRÖHLICHER SOMMER » 062

» Einfache IDEE

FRÖHLICHER SOMMER » 063

Spitzen
TRAUM-FÄNGER

H äkeldeckchen bekomme ich oft von Freunden und Bekannten geschenkt. Nach dem Motto „Du kannst da bestimmt was Schönes draus machen".

Dazu gibt es meistens eine schöne Geschichte von der begabten Tante oder Oma, die sie gehäkelt hat. Das macht die Decken dann besonders wertvoll.

Dieses runde Exemplar habe ich mit einem Rest Abtönfarbe angestrichen und nach dem Trocknen mit einem Drahtring umspannt. Mit Bänderresten versehen, entsteht ein wunderschöner Traumfänger.

Wiesen-Bärenklau ist im August fast reif und bildet imposante Fruchtstände. Aus ihnen werden im Nu hängende Ornamente.

Florale ORNAMENTE

Das braucht Ihr: » Wiesen-Bärenklau-Fruchtstände   » Steckdraht   » Seitenschneider

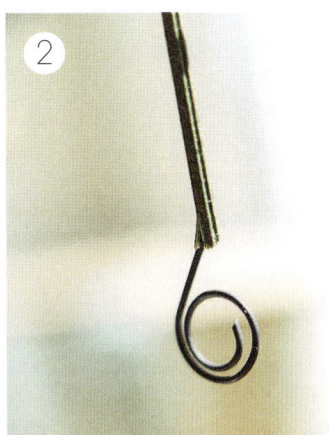

❶ Die Stiele des Wiesen-Bärenklaus so unter dem Fruchtstand abschneiden, dass die Floralien jeweils etwas kürzer sind als die Hälfte der Steckdrähte.

❷ + ❸ Jeden Draht an einem Ende zu einer kleinen Spirale drehen.

❹ Für ein Ornament zunächst den Draht vorsichtig durch den Stiel einer Pflanze Richtung Fruchtstand führen, sodass er oben wieder austritt.

Einen zweiten Wiesen-Bärenklau beginnend mit dem Fruchtstand obenauf fädeln, bis sich die Floralien leicht berühren. Mit dem Seitenschneider das obere Drahtende zur Spirale drehen.

❺ Auf diese Art weitere Ornamente herstellen und auf unterschiedlichen Höhen vor das Fenster hängen.

» TIPP

SEID VORSICHTIG BEI WIESEN-BÄRENKLAU! DER ARTVERWANDTE RIESEN-BÄRENKLAU SIEHT IHM ÄHNLICH, IST JEDOCH BEI BERÜHRUNG GIFTIG.

FRÖHLICHER SOMMER » 066

» Einfache **IDEE**

Bunte

BLÜTEN-
GIRLANDE

FRÖHLICHER SOMMER » 067

Muss man mal am Schreibtisch sitzen und kann den Sommer draußen nicht genießen, hilft diese Idee sofort. Blühende Glücklichmacher aus dem Garten kommen in einer kleinen Girlande vor das Fenster.

Dafür habe ich einen Strang Jutebänder zu einem Zopf geflochten und Glasröhrchen durch die Flechtung geschoben. Starke Saugnäpfe oder kleine Nägelchen halten die leichte Girlande an Ort und Stelle. Nicht vergessen, häufig nachzugießen!

Bunter HERBST

Blicke ich im Herbst durchs Fenster, erwartet mich jedes Mal etwas Neues: Eine in goldenes Licht getauchte Landschaft mit farbenfrohem Laub, ein Herbststurm, der an den Bäumen zerrt, oder ein düsterkalter Regentag. Die schönsten Seiten der bunten Jahreszeit hole ich mir jetzt aus meinem Garten in den Bauwagen: Spätblüher, Herbstfrüchte und -blätter sowie getrocknete Blütenstände werden zu farbenfrohen Kreationen für Fenster, Tür und Co., die Reste konserviere ich für die kalten Tage.

Meine Favoriten im Herbst

FARN

MOHN-KAPSELN

BÜSCHEL-ROSE

BUNTER HERBST » **069**

BUNTER HERBST » 070

Der Herbst muss nicht immer nur Braun und Rot sein. Hier tritt das Herbstlaub in einem frischen Hellgrün und -blau auf.

Verspielter EICHENKRANZ

Das braucht Ihr: » Eichenblätter » Eicheln » Moos » Drahtring » Deko-Eichhörnchen » Wickeldraht » verschiedene Abtönfarben (z. B. Hellblau, Hellgrün) » Kordel » Heißkleber

❶ Zunächst Moos mithilfe von Wickeldraht auf dem gesamten Drahtring befestigen. Dann die Eichelfrüchte an ihren Stielen dicht an dicht auf ein Drittel des Kranzes wickeln.

❷ Die Eichenblätter nach Belieben kolorieren und trocknen lassen.

❸ Zuerst die Eichenblätter, dann die Eichhörnchen mit Heißkleber auf die restlichen beiden Drittel des Mooskranzes anbringen.

Den Kranz mithilfe einer Kordel ins Fenster hängen. An das obere Ende der Aufhängung ein weiteres, langes Stück Kordel mit einem Eichenblatt am unteren Ende anbringen. Dieses spielerisch vor dem Eichelkranz hängen lassen, nach Belieben weitere Eichenblätter und Eicheln an unterschiedlich langen Kordeln unten an den Kranz binden.

Pilze aus alten Buchseiten, konserviert im Glas. Diese kleine, süße Idee macht sich nicht nur in Flaschen, sondern auch auf Adventskränzen oder in Blumentöpfen gut.

Papierpilze IM GLAS

Das braucht Ihr: » Hagebutten » Eicheln » Moos » Glasflaschen mit breiter Öffnung (z. B. Milchflaschen) » Buchseiten » Stoffreste » Steckdraht » Schnur » Kleister » Heißkleber

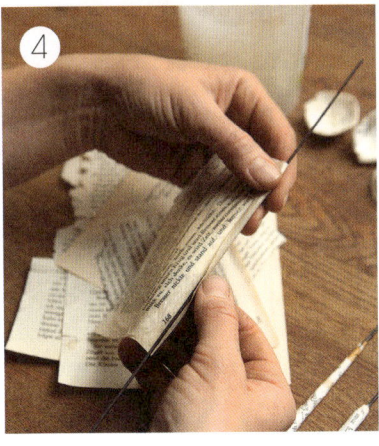

» EINE WEITERE IDEE MIT ALTEN BUCHSEITEN FINDET IHR AUF DEN SEITEN 92/93!

❶ Für die Pilzköpfe die Buchseiten halbieren und eine Seite mit Kleister bestreichen.

❷ Papierstück zur Rolle formen.

❸ Rolle mittig knicken und mit Daumen und Zeigefingern das kleistergetränkte Papier zu kleinen Pilzköpfen formen.

❹ Für die Pilzstiele je ein Stück Steckdraht zu zwei Dritteln mit eingekleisterten Buchseiten mehrfach ummanteln, bis die gewünschte Dicke erreicht ist.

❺ Nach dem Trocknen das ummantelte Ende der Stiele mit Heißkleber in die Schalen kleben, sodass Papierpilze entstehen.

❻ Moos nach Belieben in die leeren Flaschen füllen und Herbstfrüchte dekorativ einsetzen, dann je nach Größe der Flasche ein bis zwei Papierpilze in den Moosboden stecken. Die Gefäße mit Stoffresten und Schnur verschließen und im Fenster arrangieren.

BUNTER HERBST » 074

HALLO HERBST
DU
LECKERMAUL

Sie lässt sich wunderbar einfach biegen und hat noch nicht einmal Dornen: die Büschel-Rose. Noch dazu sind ihre kleinen Hagebutten sehr dekorativ.

Hagebutten mit BOTSCHAFT

Das braucht Ihr: » Hagebuttenzweige der Büschel-Rose » Pappe » Leinenstoff » Band » Buchstaben-Stempel und Stempelkissen » Wickeldraht » Klebstoff (z. B. Alleskleber)

❶ Aus den Hagebuttenzweigen einen Ring formen, bei dem die Fruchtstände nach außen zeigen. Die Zweige mit Wickeldraht aneinander fixieren.

❷ Pappe mit einer Botschaft bestempeln, diese ausschneiden.

❸ Die Ränder der Schilder mithilfe eines Stempels einfärben.

❹ Leinenstoff in Streifen reißen und zusammen mit Bändern in den Kranz knoten. Kranz an den Bändern am Fenster befestigen. Zum Schluss Botschaft auf die Bänder kleben.

» TIPP

WENN DIE HAGEBUTTEN NICHT MEHR SCHÖN SIND, EINFACH INS FREIE HÄNGEN. DIE VÖGEL FREUEN SICH!

» **IDEE** im Detail

Skulpturen
AUS FRUCHTSTÄNDEN

Wer schon mal renoviert oder gebaut hat, der weiß, dass zum Schluss immer ein angebrochener Sack Beton übrig belibt und in der Ecke rumsteht. Damit lassen sich jedoch wunderbar Füße an imposante trockene Pflanzen gießen. Schnell ist eine wirkungsvolle Raumdeko geschaffen. Hier kommen gleich zwei meiner Lieblingstrockenfloralien, die Mohnkapsel und der Wiesen-Bärenklau, zum Einsatz. Passt auf, dass Ihr letzteren nicht mit Riesen-Bärenklau verwechselt, dieser ist bei Berührung giftig.

Das braucht Ihr:

» getrocknete Mohnkapseln » getrocknete Wiesen-Bärenklau-Fruchtstände
» Zierlauch-Fruchtstände » Kulturtöpfe in verschiedenen Größen » Hammer » Seitenschneider
» Beton » alte Schaufel oder Kelle » ausgediente Schale

BUNTER HERBST » **077**

» IDEE im Detail

SO WIRD'S *gemacht*

① + ② Den Beton nach Packungsanleitung in einer ausgedienten Schale anrühren.

③ Für eine Betonskulptur den Boden eines Kulturtopfes mit dem Seitenschneider entfernen und den Rest umgedreht auf eine Unterlage setzen. Den Beton zur Hälfte einfüllen, dann einen Frucht- oder Blütenstand mittig einsetzen und den Topf vollständig auffüllen. Komplett trocknen lassen. Achtet darauf, dass während des Füll- und Trocknungsprozesses der Stiel der Floralie senkrecht nach oben steht und nicht zur Seite kippt.

④ Nach dem vollständigen Trocknen die Seiten des Kulturtopfes aufschneiden und den Kunststoff vom Beton lösen.

⑤ Mit dem Hammer den oberen Bereich des Betonfußes abrunden, bis die gewünschte Form erreicht ist. Weitere florale Skulpturen herstellen und diese nebeneinander aufstellen.

Im Herbst beschenkt uns die Natur mit eingetrockneten Blüten- und Fruchtständen. Es eignen sich aber auch besondere Zweige für diese Idee.

BUNTER HERBST » 079

Bevor der Regen oder der erste Frost kommt, schneide ich die bunten Herbstfloralien ab und wickle sie zu einem Kranz. So bleiben mir die Freuden unseres Gartens noch etwas länger erhalten.

Prachtvoller HERBSTKRANZ

Das braucht Ihr: » Herbstblumen (z. B. Garten-Fuchsschwanz, Hortensien, Fette Henne, Glattblatt-Astern) » getrocknete Blütenstände (z. B. Zierlauch) » buntes Herbstlaub » Drahtring » Wickeldraht » dünnes Band

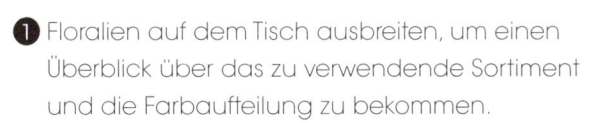

❶ Floralien auf dem Tisch ausbreiten, um einen Überblick über das zu verwendende Sortiment und die Farbaufteilung zu bekommen.

❷ Band in gleich lange Stücke schneiden, jeweils doppelt nehmen und durch Schlaufen am Drahtring befestigen. So etwa 10 Bänder nebeneinander anbringen.

❸ Blumen und Blätter mithilfe von Wickeldraht am Drahtring fixieren. Dafür einzelne kleine Sträuße aus den Floralien dicht an dicht an den Ring anlegen und jeweils mit Draht festwickeln. Den Wickeldraht zwischendurch nicht abschneiden, sondern immer weiter abspulen und zum Schluss fest am Rahmen verzwirbeln. Eine Aufhängung anbringen und den Kranz ins Fenster oder an eine Tür hängen.

» TIPP

DIESER KRANZ SIEHT AUCH EINGETROCKNET NOCH SCHÖN AUS!

Stickrahmen aus dem Handarbeitsladen und Stoffreste gehören zu meinen liebsten Materialien. So vielfältig sind die Möglichkeiten, sie zu verarbeiten!

BUNTER HERBST » 082

Stickrahmen PFLANZTASCHE

Das braucht Ihr: » Sukkulenten (z. B. Mauerpfeffer) » Stickrahmen » Stoff » Band
» Gefrierbeutel » Pflanzerde » Stoffkreide

❶ Den Stickrahmen auseinandernehmen. Einen der Ringe auf zwei übereinandergelegte Stoffstücke legen. Gut ein Drittel des Rahmens sollte über den Stoffrand hinausschauen. Mit Kreide die gewünschte Größe für die Tasche vorzeichnen und entlang der Linie ausschneiden, sodass zwei gleichgroße Stoffstücke vorhanden sind.

❷ Beide Stoffe an der gewünschten Position im Rahmen einklemmen.

❸ Einen großen Gefrierbeutel in die Pflanztasche setzen und so zuschneiden, dass er nicht mehr hinausschaut.

❹ + ❺ Wurzelballen der Sukkulenten jeweils in Erde hüllen und in den Gefrierbeutel pflanzen. In die Tasche setzen, Band an den Ring knoten und ins Fenster hängen.

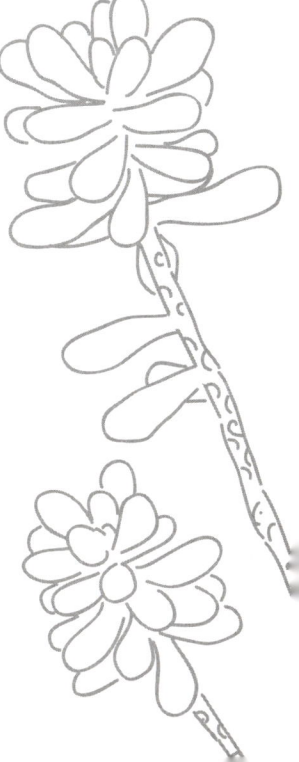

BUNTER HERBST » 084

» Einfache IDEE

Blühender DEKO-RING

Hängende Fensterdekorationen mit Stoffen und Stickrahmen sind nicht nur schnell gemacht, sondern auch wandelbar.

Eine Tischdecke aus alter Zeit, die einen oder mehrere besonders hartnäckige Flecken hat, wird so zu etwas Neuem, Schönen mit Vintage-Flair.

Hier habe ich Herbstblüher aus meinem Garten in wassergefüllte Glasröhrchen gesetzt und zusammen mit Hagebutten und Trockenfloralien in der selbst gemachten Stofftasche arrangiert.

» DIE ANLEITUNG FÜR DIE STOFF-TASCHE FINDET IHR AUF DEN SEITEN 82/83!

Sorgfältig gesammelte und getrocknete Floralien aus dem Garten erleben – gebannt in Stickrahmen – einen tollen Auftritt! Besonders schön, wenn die Abendsonne durchscheint.

Eingewebte FLORALIEN

Das braucht Ihr: » Getrocknete Blüten und Fruchtstände » Herbstlaub » Stickrahmen » Garn » Schnur

» WIE MAN BLÜTEN TROCKNET, ERFAHRT IHR AUF DEN SEITEN 10/11!

❶ + ❷ Stickrahmen auseinandernehmen und das kleinere Element kreuz und quer mit Garn umspannen. Während des Umspannens immer wieder trockene Floralien und Herbstlaub einweben. Das Garn gut anknoten und die Teile des Rahmens vorsichtig wieder zusammenfügen. Aufhängung an den Stickrahmen anbringen und ins Fenster hängen. Auf Wunsch noch weitere florale Rahmen herstellen und dazu hängen.

» TIPP

DIE FRAGILEN TROCKENBLUMEN SOLLTET IHR NICHT ZU FEST EINSPANNEN, SONST ZERBRECHEN SIE LEICHT.

BUNTER HERBST » 088

Jedes Stück Band, das bei meiner Arbeit übrig bleibt, wird in einer Box gesammelt. Hier kommen verschiedene Grüntöne zum Einsatz, passend zu den grünen Hortensien aus dem Garten.

Hortensien BÄNDERKRANZ

Das braucht Ihr: » Grüne Floralien (z. B. Eukalyptusgrün, grüne Hortensienblüten, Kiefernzweige) » Bänder und Kordeln (z. B. in Grüntönen, Beige und Gold) » Drahtring » Wickeldraht

❶ + ❷ Bänder und Kordeln bunt gemischt an ein Drittel des Drahtrings mithilfe von Schlaufen anbringen, dabei die Bänder zur Mitte hin länger lassen.

❸ Mithilfe von Wickeldraht die restlichen beiden Drittel mit Floralien bestücken. Dabei mit kleineren Blüten beginnen und nach und nach größere Floralien einwickeln, sodass der Kranz an Volumen gewinnt. Mit einem Zweig abschließen, der den Übergang zwischen Wicklung und Bändern kaschiert. Das Rund mit einer Kordel versehen und aufhängen.

» DETAILS ZUR WICKELTECHNIK VON KRÄNZEN FINDET IHR AUF DEN SEITEN 80/81!

Gemütlicher WINTER

In meiner Kindheit fiel der erste Blick am Wintermorgen voller Vorfreude aus dem Fenster. Hat es draußen geschneit? Oder hat der Frost gar Eisblumen an die Scheibe gemalt? Noch heute spüre ich diese Vorfreude an eiskalten Tagen. Selbst wenn es draußen regnerisch-kalt sein sollte und nicht strahlend weiß, mit der passenden Fensterdeko lenke ich den Blick weg vom Schmuddelwetter. Kerzenschein, Wintergrün, weihnachtliche Accessoires sowie Christrosen zaubern eine wohligwarme Atmosphäre.

Meine Favoriten im Winter

MISTEL   CHRISTROSE   EUKALYPTUS

GEMÜTLICHER WINTER » 091

Buchseiten aus einem alten Schmöker reißen und dann falten, falten, falten ... Das ist eine super Beschäftigung für verregnete Nachmittage. Aber Vorsicht, nur Bücher verwenden, die wirklich uninteressant sind. Sonst werdet Ihr nicht fertig.

Belesener WINTERKRANZ

Das braucht Ihr: » getrocknete Mohnkapseln   » Strohkranz (mit oder ohne Kranzband)
» Buchseiten   » Leinenstoff   » Federn   » Wickeldraht   » Kordel   » Heißkleber

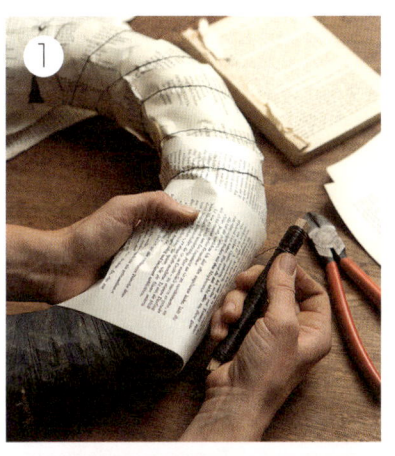

» EINE WEITERE IDEE MIT ALTEN BUCHSEITEN FINDET IHR AUF DEN SEITEN 16/17!

❶ Um den Strohkranz Buchseiten mithilfe von Wickeldraht ringsum befestigen, sodass die komplette Kranzoberfläche bedeckt ist.

❷ Die restlichen Buchseiten mehrfach falten.

❸ + ❹ Die Papiere mit Heißkleber an der Faltkante aufkleben und so fortfahren, bis der gesamte Kranz bedeckt ist.

❺ Getrocknete Mohnkapseln zwischen die Buchseiten nach Belieben einkleben. Dann den Leinenstoff reißen und anknoten, die Enden dabei lang lassen. Zum Schluss die Federn mit Kordel an den Bändern befestigen. Den Kranz an einem Band am Fenster aufhängen. Alternativ zum Heißkleber können auch Haften verwendet werden. Sie lassen sich später wiederverwenden.

Wenn der Schnee zu Weihnachten noch auf sich warten lässt und es mal wieder nur regnet, greife ich zu Stift und Pergamentpapier. Mit ein paar Handgriffen wird ein zartes Ästchen zu einem weißen Winterzweig.

Pergament PAPIERZWEIGE

Das braucht Ihr: » dünne Zweige mit vielen Verästelungen » Pergamentpapier » weißer Lackstift
» Wickeldraht » silberfarbener Zierdraht » Vasen oder Glasflaschen

❶ Zwei Pergamentpapiere aufeinander legen. Mit weißem Lackstift Blätter aufzeichnen.

❷ Blätter ausschneiden.

❸ Die übereinanderliegenden Papiere im unteren Bereich mit Zierdraht durch Wickeln aneinander befestigen. Den Wickeldraht locker um die Zweige legen, um ihnen Stabilität zu geben. Blätter mit Zierdraht an den Zweigen fixieren. Zweige in Gefäße mit schmaler Öffnung setzen und außen oder innen ins Fenster stellen.

» TIPP

FÜR EINEN FROSTIGEN LOOK HABE ICH GLASFLASCHEN ALS VASEN VERWENDET, DIE ICH ZUNÄCHST MIT BUCHSEITEN UMWICKELT HABE. DANN WURDEN SIE MIT DEM WACHS GESCHMOLZENER KERZENRESTE BEPINSELT.

GEMÜTLICHER WINTER » 096

» Einfache **IDEE**

Glänzende
KIEFERN-
DEKO

*D*er Duft der Kiefern weckt bei mir Erinnerungen an lange Streifzüge durch skandinavische Wälder. Dort habe ich als Kind meine ersten Erfahrungen mit dem Schnitzen gemacht. Ich war wahnsinnig stolz, als mein Vater mir mein erstes Schnitzmesser schenkte.

Heute gestalte ich aus den Zweiggabeln der Kiefer im Garten feine Ornamente. Mit Kristallen behängt, wirken sie noch edler.

Die Nadeln zupfe ich nach Weihnachten ab, sieht auch ohne Grün toll aus! Gut verpacken und im nächsten Jahr wieder daran erfreuen.

Ich hebe wirklich jede
kaputte Glühbirne auf, die mir in die
Hände fällt. Es lässt sich wunderbarer
Baumschmuck aus ihnen machen.
Oder kleine fröhliche Hänger
wie diese hier.

Glühbirnen BAUMKUGELN

Das braucht Ihr: » Zweige in der Vase (z. B. Fichtenzweige) » Hagebutten » Eibenzweige » Moos » verschiedene bauchige Glühbirnen » Geburtstagskerzen » Deko-Pilze » Wickeldraht » Myrtendraht » Kordel » Heißkleber » Seitenschneider

❶ Aus Wickeldraht Ringe anfertigen, deren Durchmesser jeweils etwas kleiner als die breiteste Stelle der zu schmückenden Glühbirne ist. Dafür direkt an den Birnen Maß nehmen.

❷ Nun die Drahtringe gestalten: Um einen Ring Eibengrün legen und mit Myrtendraht befestigen, um einen weiteren Hagebuttenzweige winden. Für den Kerzenring Moos rings um den Drahtkreis mit Myrtendraht festwickeln.

❸ Moosring auf die Glühbirne setzen. Kordel an die Geburtstagskerzen binden und diese zwischen Moosring und Birne stecken. Deko-Pilze aufkleben. Kordeln als Aufhängungen um die Fassungen der Lampen binden und mit Heißkleber zusätzlich fixieren. Fichtenzweig ins Fenster stellen und Baumschmuck aufhängen.

Für diese minimalistische Weihnachtsdeko habe ich ein paar Fischlein aus meiner Glanzbildchen-Sammlung gefischt. Alternativ findet Ihr sie im Bastelbedarf.

Witzige WEIHNACHTSBÄUME

Das braucht Ihr: » junge Kultur-Kiefern (z. B. vom Gärtner, mit ausgewaschener Wurzel) » Fisch-Glanzbilder » Glasgefäße (z. B. Apothekergläser) » Christbaumschmuck » durchsichtiges Klebeband

❶ Für jedes Glas ein Glanzbildchen ausschneiden. Der Fisch sollte nicht länger als der Durchmesser des jeweiligen Glases sein.

❷ Fische mit zur Schlaufe gelegtem Klebeband auf die Apothekergläser kleben. Diese mit Wasser füllen, ins Fenster stellen und die jungen Kiefern einsetzen. Falls Ihr keine kleinen Kiefern bekommt, eignet sich auch ein Zweig. Weihnachtsschmuck wie eine einzelne Christbaumkugel verstärkt den humorvollen Charakter dieser Dekoration.

» TIPP

NACH WEIHNACHTEN KÖNNEN DIE KLEINEN KIEFERN WIEDER EINGEPFLANZT WERDEN.

» **IDEE** im Detail

Imposanter LICHT- RAHMEN

Diesen alten, goldenen Rahmen habe ich auf einem Trödelmarkt erstanden. Ebenso schön sieht diese Idee aber auch bei weniger opulenten Exemplaren aus. Es können auch moderne Rahmen sein. Wichtig ist, verschiedene grüne Floralien zu mixen und beim Verarbeiten lang zu lassen, damit ein wildromantischer Eindruck entsteht.

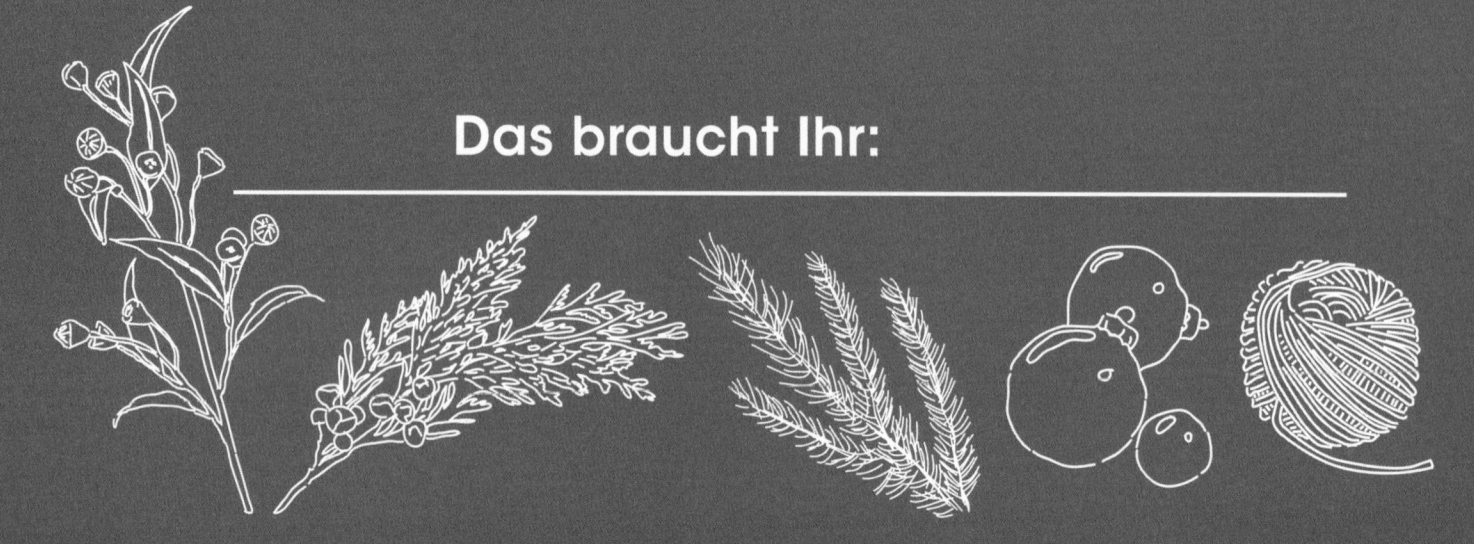

Das braucht Ihr:

» Eukalyptuszweige und -Fruchtstände   » Scheinzypressenzweige   » Fichtenzweige   » Band
» Bilderrahmen   » Bienenwachs-Baumkerze im Klemmhalter   » alte Christbaumkugeln
» goldene Kordel   » Drahtring

GEMÜTLICHER WINTER » 103

» **IDEE** im Detail

SO WIRD'S
gemacht

① Den Drahtring mit Band bewickeln.

② Den Bilderrahmen auf den Tisch legen und den Ring in der gewünschten Position hineinsetzen. Nun den Drahtring mithilfe von goldener Kordel in den Rahmen spannen: Dafür um den Ring und die nächstgelegene Rahmenseite eine Kordel winden und diese verknoten. Ringsum so oft wiederholen, bis der Drahtring im Rahmen hält. Durch Festerziehen der Kordel kann nachjustiert werden.

③ Die Floralien durch die Kordeln weben und sichelförmig um den Ring anordnen. Die Kerze einklemmen. Achtet darauf, dass die entflammbaren Zweige nicht über der Kerze hängen! Den Rahmen ans Fenster lehnen und Christbaumkugeln anbringen. Denkt dran, Kerzen sollte man nie unbeaufsichtigt brennen lassen.

Mein Wintergrün schneide ich zum Teil im eigenen Garten und bei Freunden. Den Rest beziehe ich über den Handel. Beim Floristen erhaltet Ihr bereits vorgefertigte Mischungen.

Wunderbar unaufgeregt ist diese winterliche Girlande. Die Holzkugeln strahlen Gemütlichkeit aus und die Kiefer bringt die Frische.

Kiefernquasten Girlande

Das braucht Ihr: » Kiefernzweige » Holzperlen in verschiedenen Größen » Schnur » Schnitzmesser

❶ Die Nadeln an den Kiefernzweigen bis auf ein Büschel an den Zweigspitzen entfernen. Etwa 10 cm oberhalb der Zweigspitze abschneiden und anspitzen.

❷ Für eine Kiefernquaste ein Zweigende durch die Öffnung einer Holzperle führen und bis zum Nadelansatz hindurchziehen.

❸ Den Zweig zur Schlaufe biegen und in die Holzperle stecken. Auf diese Weise weitere Quasten herstellen. Eine lange Schnur durch die Astschlaufen der Kiefernquasten fädeln und die entstandene Girlande ins Fenster hängen. Sollten die Quasten verrutschen, mit Schnur fixieren.

» TIPP

WENN IHR KLEINE FLÜGEL AUS PAPIER ANKLEBT, WERDEN AUS DEN QUASTEN KLEINE WEIHNACHTSENGEL.

Juteknäuel, Zweige, Schnapsgläschen, Glitterschilder – diese schnelle Idee macht auch als Dekoration beim Adventskaffee eine gute Figur.

Rustikale ADVENTSKERZEN

Das braucht Ihr: » grüne Zweige (z. B. Steineiche) » Glasgefäße (z. B. Schnapsgläser) » Kerzen » Pappe » Glitter » Juteschnurknäuel » Lochzange und -nieten » Stift » Klebstoff (z. B. Alleskleber)

❶ Aus Pappe Schilder ausschneiden und mit der Lochzange sowie den passenden Nieten Löcher zur Aufhängung anbringen. Kordel durchfädeln und anbinden. Dann das untere Viertel der Schilder auf einer Seite dünn mit Klebstoff bestreichen und in Glitter tauchen.

❷ Schnapsgläser in die Kordelknäuel setzen und Zweige fest dazwischen klemmen. Wachs in die Gläser träufeln und Kerzen einsetzen. Die Schilder mit „1" bis „4" beschriften und an die Kerzenknäuel binden. Als alternativen Adventskranz aufreihen.

» TIPP

BIOLOGISCH ABBAUBAREN GLITTER SOWIE BEREITS FERTIGE UNBESCHRIFTETE SCHILDER FINDET IHR IM INTERNET!

Es lohnt sich, alte Thermoskannen aufzuschrauben und ihr Innenleben herauszubefördern. Das dünne doppelwandige Glas sieht aus wie Bauernsilber. Damit lassen sich schöne Dekorationen herstellen.

Blühende THERMOSKANNEN

Das braucht Ihr: » Winterblüher (z. B. Christrosen) » Zweige » alte Thermoskannen » Leinenstoff » silberne Kordel

❶ Den Boden der Thermoskanne öffnen und das Innenleben herausnehmen.

❷ Wasser in das Gefäß geben und Christrosen sowie Zweige einstellen. Das Arrangement ins Fenster stellen oder an gerissenen Leinenstreifen aufhängen. Dafür 4 lange Streifen im unteren Bereich aneinander knoten. Unterhalb des Knotens die Fäden dünner reißen. Zusätzlich silberne Kordel am Knoten befestigen. Die Kannenvase mit den Blühern mittig in das Bänderviereck setzen, die Stoffe um die Vase herumführen und oberhalb der Blumen verknoten. An den Leinenstreifen aufhängen.

GEMÜTLICHER WINTER » 112

» Einfache **IDEE**

Vintage
MIT POSTKARTEN

*N*ostalgie entsteht durch alte Postkarten. Diese bringe ich von Flohmärkten mit, die ich auf meinen Reisen meist zufällig entdecke.

Einfach mit verschiedenen Schnüren um Blumenvasen wickeln, oder – wie hier – um ehemalige Thermoskannen, die ich zuvor von ihrem Kunststoffkleid befreit habe. Das Rosa der Christrosenblüten unterstreicht den Vintage-Flair.

» DIE BASISIDEE FÜR DIE BLÜTEN-KANNEN FINDET IHR AUF DEN SEITEN 110/111!

Kreativ im
GANZEN JAHR

Welcher Ausblick mich auch immer draußen erwartet – mich macht es einfach stets glücklich, das ganze Jahr über Blumen und Pflanzen um mich herum zu haben. Passend zu meinem grünen Wohnstil, aber auch als Geschenke für Freunde und Familie, gestalte ich daher viele Ideen mit trockenen Floralien oder pflegeleichten Zimmerpflanzen, die zu treuen, langjährigen Begleitern werden.

Meine Ganzjahres-Favoriten

ECHEVERIE ZICKZACKSTRAUCH UFOPFLANZE

» WIE IHR DAS MINI-HAUS HERSTELLT, ERFAHRT IHR AUF DEN SEITEN 120/121!

Inspiriert von den japanischen Kokedamas sind diese „Gute-Laune-Moosbälle" mit Holzfüßen entstanden. Zum Wässern einfach die Bälle samt Füßen etwa alle zwei Wochen in Wasser tauchen und über Nacht abtropfen lassen.

Dreibeinige MOOSBÄLLE

Das braucht Ihr: » Sukkulenten (z. B. Echeverie) » Moos » Erde (z. B. Lehmerde) » Myrtendraht » Wickeldraht » Steckdraht » Rundhölzer (2 unterschiedliche Durchmesser) » Holzsäge » Seitenschneider

» EINE WEITERE KOKEDAMA-IDEE FINDET IHR AUF DEN SEITEN 132/133!

❶ Für ein Kokedama den Wurzelballen der Pflanze mit Erde ummanteln und eine Kugel formen. Moos rundherum anlegen und so lange Myrtendraht kreuz und quer um den Ball wickeln, bis das Moos nicht mehr abfallen kann. Auf diese Weise nach und nach weitere Kokedamas anfertigen, dabei bei einem Moosball mehr Erde zugeben, sodass dieser größer ist, als die anderen Vertreter.

❷ Nun die Füße für die Moosbälle aus den Rundhölzern anfertigen. Für kleinere Kokedamas die kleineren Hölzer in jeweils drei gleich lange Stücke sägen, für das größere die dickeren Stäbe wählen.

❸ Jeden Stab an einem Ende fest mit Wickeldraht umwickeln und je 3 Steckdrähte hineinstecken, sodass eine Art Gabel entsteht. Immer drei Hölzer unten an den Kokedamas befestigen. Auf der Fensterbank aufreihen.

Diese feinen Blätter aus Draht könnt Ihr entweder freihand oder auch mithilfe einer Papierschablone herstellen, die Ihr Euch vorher aufgezeichnet habt. Die Drähte auf die Schablone legen und in Form biegen.

Filigrane DRAHTBLÄTTER

Das braucht Ihr: » Steckdraht » Wickeldraht » Seitenschneider

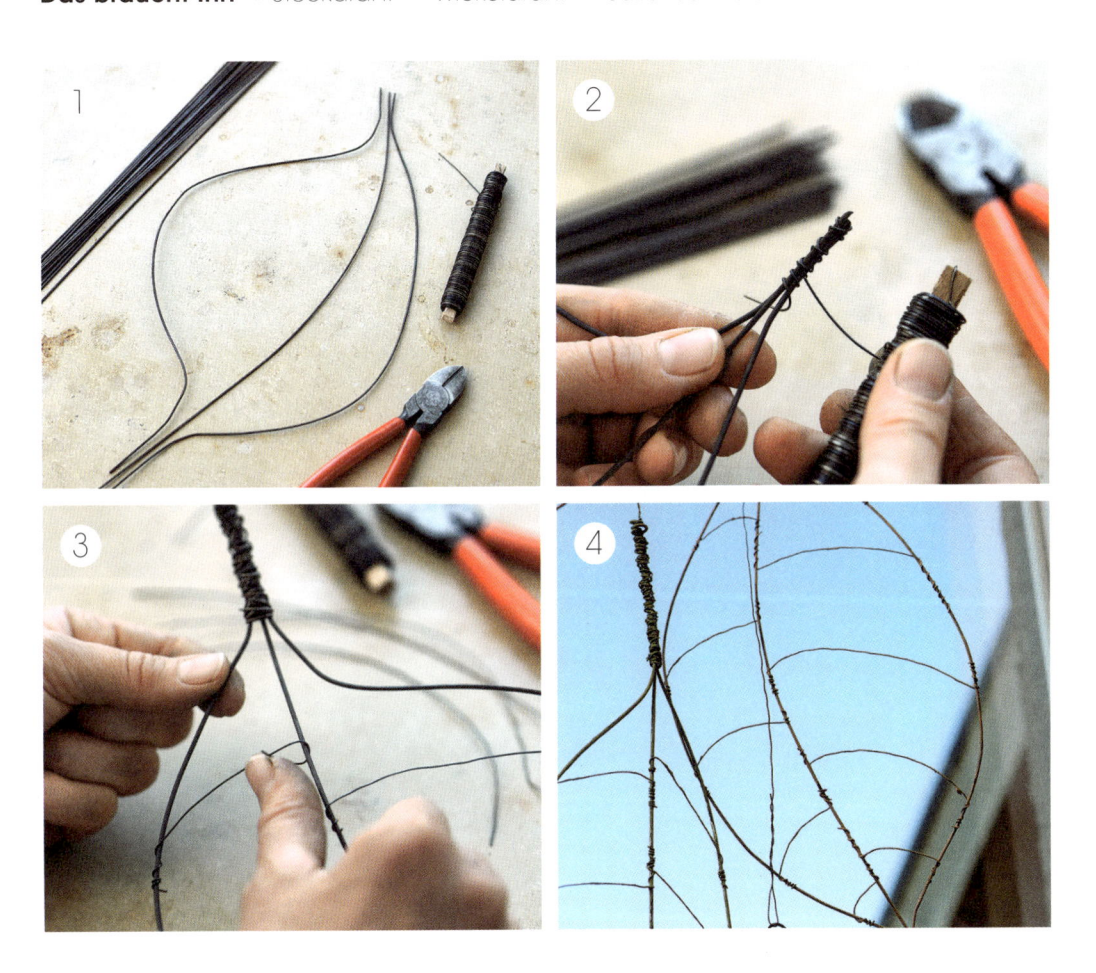

❶ Für ein Drahtblatt aus drei Steckdrähten die Blattumrisse mit mittiger Blattader formen. Dafür einen Draht als Stiel in einem leichten Bogen biegen, die beiden weiteren Drähte als Blattaußenseiten zu Kurven biegen. Auf dem Tisch zum Blatt zusammenlegen und gegebenenfalls durch Biegen verformen, bis das Ergebnis gefällt.

❷ Die Steckdrähte durch mehrmaliges Umbinden mit Wickeldraht aneinander fixieren.

❸ Für die weiteren Blattadern mehrere kleine, leicht gebogene Stücke Wickeldraht zwischen Blattaußenseite und Hauptader anbringen. Weitere Drahtblätter herstellen und diese an Aufhängungen aus Wickeldraht auf unterschiedlichen Höhen arrangieren.

Meine kleinen Wunschhäuser! Mit diesen Mini-Bauwerken erfülle ich mir den Traum vom eigenen Baumhaus – auf der Fensterbank!

Mini-Häuser
MIT AUSBLICK

Das braucht Ihr: » Pflanzen im Übertopf (z. B. Zickzackstrauch) » Moos » Pappe » Holzspieße » Holz (mind. 2 cm Dicke, z. B. Dachlattenreste) » Abtönfarbe (z. B. Weiß) » Kordel » Lackstifte (z. B. Weiß und Schwarz) » Klebstoff (z. B. Heißkleber oder Alleskleber) » Kappsäge » Akkuschrauber

❶ Aus dem Holz mit der Kappsäge Häuser aussägen. Jede Hausform mit Pappe ummanteln: Dafür einfach alle Flächen der Häuser nacheinander auf Pappe kleben und an den Rändern entlang schneiden, das geht schnell und sorgt für die richtigen Maße. Für die beiden Dachseiten jeweils ein bisschen Überstand stehen lassen.

❷ In die Holzunterseiten der Mini-Häuser 4 Löcher bohren und Holzspieße einstecken.

❸ Die Häuschen mit Farbe bemalen und mit Stiften Türen sowie Fenster aufzeichnen. Die Erde der Pflanzen mit Moos abdecken und die Häuser einstecken. Wolken aus Pappe ausschneiden, bemalen und, an Holzspieße geklebt, dazustecken. Mit Knoten versehene Kordeln als kleine Strickleitern an die Hauseingänge kleben.

Meine Mutter hat mich zu diesem Bild inspiriert: Irgendwann fing sie an, ausrangierte Suppenkellen in den Rosenbogen im Garten zu hängen, die sie mit Hauswurz bepflanzte. Für den Innenbereich verwende ich Echeverien.

Gefüllte SUPPENKELLEN

Das braucht Ihr: » Sukkulenten (z.B. Hauswurzpflanzen) » Suppenkellen in verschiedenen Größen » Holzbilderrahmen » Kordel » Pflanzerde

❶ Den Wurzelballen der Sukkulenten in Erde hüllen.

❷ Erde in die Kellen füllen und Pflanzen hineinsetzen.

❸ Die bepflanzten Suppenkellen auf der Rückseite eines leeren Holzbilderrahmens mit Kordel befestigen. Die Kellen dabei an ihren Stielen an den oberen Rahmen binden. Optional einige Kellen seitlich an die Haken zur Bildaufhängung hängen. Den Rahmen ins Fenster stellen.

❹ Nach Wunsch eine bepflanzte Kelle vor den Rahmen stellen. Diese durch eine an den Rahmen gespannte Kordel stabilisieren.

» TIPP

ECHEVERIEN UND HAUSWURZPFLANZEN LASSEN SICH AUF MEHRERE KELLEN VERTEILEN. EINFACH ROSETTEN ABTRENNEN, EINZELN AUF DIE ERDE LEGEN UND VORSICHTIG ANDRÜCKEN.

Die Leidenschaft meiner Mutter ist Papier, in ihrem Fundus finde ich die tollsten Farben. Daraus entstehen fantasievolle Blüten und Zimmerpflanzen. Für Letztere findet Ihr die Schablone online unter: **blooms.de/fensterdeko-papier**

» Einfache **IDEE**

Papier
PFLANZEN-
VIELFALT

Sie sind immergrün und pflegeleicht – Blumen und Pflanzen aus Papier! Für einen besonders realistischen Effekt bei Grünpflanzen schneidet Ihr am besten mehrere Blätter in verschiedenen Grüntönen aus und klebt diese lagenförmig in gewünschter Anordnung aufeinander.

Auch bei Blütenblättern sorgen ein Lagenlook und verschiedene Farbnuancen für einen 3D-Effekt. Die Blüten und Pflanzen lassen sich in stilisierten Töpfen oder kranzförmig ans Fenster kleben.

» **IDEE** im Detail

Zeitlose
BLUMENBILDER

Bilderrahmen sind vielseitig verwendbar. Diese zauberhaften Blüten-Stillleben lassen sich mit jeder Art von Rahmen umsetzen. Wichtig ist nur, dass man für jedes Bild zwei Exemplare in der gleichen Größe braucht. Sie werden Rückseite an Rückseite aneinandergeklebt und mit Trockenblumen gefüllt. Schmale Rahmen lassen sich dabei gut aufhängen, tiefere – wie hier – dekorativ ins Fenster stellen. Sieht von drinnen und draußen toll aus!

Das braucht Ihr:

» getrocknete Wilde Möhre » getrockneter Farn » Hortensien » getrockneter Silberling » Mohnkapseln
» 4 tiefe Passepartoutrahmen aus Holz (jeweils 2 in gleicher Größe) » Heißkleber

Zu den zwei unterschiedlich großen Trockenblumen-Bildern habe ich selbst gesammelte Steine dekoriert. Auf diese lassen sich mit weißem Lackstift schöne Ornamente aufmalen.

» **IDEE** im Detail

SO WIRD'S
gemacht

❶ Die Rückseiten der Bilderrahmen herausnehmen und weglegen.

❷ + ❸ Die Passepartouts mit Heißkleber am jeweiligen Rahmen fixieren und die Floralien auf dem Arbeitstisch ausbreiten, um einen Überblick zu erhalten.

❹ Nun die verschiedenen trockenen Blumen, Gräser und Fruchtstände an ihren Stielen auf den Passepartoutrücken kleben.

❺ Achtet darauf, dass die Floralien unterschiedliche Längen sowie Volumen aufweisen, das macht das dreidimensionale Bild lebendiger. Längere Stiele und Blätter vor dem Ankleben durch die Passepartoutöffnung führen.
Mit jedem Rahmen so verfahren.
Zum Schluss die gleichgroßen Holzrahmen jeweils Rücken an Rücken aneinanderkleben.

Auch andere trockene Floralien, wie über Kopf getrocknete Rosenblüten, schaffen tolle Akzente. Arbeitet einfach mit dem, was Ihr zuhause habt.

Zwischen Astgabeln lassen sich alle möglichen getrockneten Pflanzen einspannen oder ankleben, wie dieses ungleiche Duo mit Hortensienblüten und Lavendel zeigt.

Florales ASTGABEL-DUO

Das braucht Ihr: » 2 Astgabeln » getrocknete Floralien mit langen Stielen (z. B. Lavendel, Eukalyptusgrün) » getrocknete kleine Blüten (z. B. Hortensien) » Kordel » Alleskleber

❶ Die Astgabeln mit Kordel bespannen.

❷ Dabei jeweils das Schnurende unten an der Gabel anknoten und die Äste in einer Achterbewegung aufsteigend umwickeln. Damit die Kordel nicht verrutscht, nach maximal 3 Achterbewegungen die Kordel einmal auf jeder Seite fest um den einzelnen Ast winden, dann weiter nach oben wickeln.

❸ Eine der Astgabeln mit den kleinen Blüten nach Belieben bekleben, in die andere die langstieligen Floralien durch die Kordeln stecken. Das Duo in je einer Vase ins Fenster stellen.

» TIPP

GEFÄSSE AUS UNTERSCHIEDLICHEN MATERIALIEN WIE PORZELLAN UND GLAS STEHEN DEM ÄSTE-PAAR GUT ZU GESICHT.

Große, kleine, runde oder eckige Lampenschirme sind so vielseitig verwendbar! Hier dienen sie, von Stoff befreit, als Halterung für Kokedamas.

Kokedama
LAMPENSCHIRME

Das braucht Ihr: » Zimmerpflanzen (z. B. Blattkaktus, Peperomie, Echeverie) » kleine Lampenschirme » Wickeldraht » Moos » Erde (z. B. Lehmerde) » Kordel » Seitenschneider

» WIE IHR DIE KOKEDAMAS HERSTELLT, ERFAHRT IHR AUF DEN SEITEN 116/117!

❶ Die Nachttischlampen von ihrer Stoffummantelung befreien. Kokedamas wie auf Seite 116/117 beschrieben herstellen.

❷ Nun die Kokedamas in den Schirmen platzieren. Ist der Raum zwischen den Metallstreben zu eng, um die Moosbälle einzusetzen, mit dem Seitenschneider eine der Streben durchschneiden, aufbiegen und die Kokedamas hindurchschieben. Die Kokedama-Schirme an Kordeln aufhängen.

» TIPP

NACHTTISCH-LAMPEN AUS DEN 60ER- ODER 70ER-JAHREN SIND FÜR DIESE IDEE BESONDERS GUT GEEIGNET.

134 » VITA

Dany Eschenbüscher

Dany Eschenbüscher ist Floristin mit Herz und Seele. Ihre Freude am Gestalten und daran, Neues zu entdecken, kommt in den vielen Kreativideen zum Ausdruck, die sie tagtäglich erstellt. Von klein auf fasziniert sie die Natur um sie herum und das Gestalten mit den Händen. Nach einigen Praktika in verschiedenen handwerklichen Betrieben und ihrem Job neben der Schule im Blumenladen fällt die Entscheidung, Floristin zu werden.

Nach ihrer Ausbildung und Teilnahme an floristischen Wettbewerben sowie mehreren Fortbildungen sammelt Dany Berufserfahrung in verschiedenen Betrieben. Seit 2006 ist sie als Floristin und Fotostylistin im BLOOM's Verlag tätig, wo sie mit der Durchführung von Fotoproduktionen für viele unterschiedliche Medien und mit Messeveranstaltungen betraut ist.

Freiberuflich gibt sie zudem Workshops, dekoriert auf Events und präsentiert ihre Kreationen auf Märkten. Upcycling und Nachhaltigkeit und liegen ihr dabei am Herzen.

Mehr zu Dany Eschenbüscher unter:
Web: werk-raum-natur.de
Instagram: @werkraumnatur

Dankeschön

Ein Buch zu machen, ist sehr aufregend und eine Erfahrung, die ohne die Unterstützung meiner Familie, Freunde, den Fotografen und dem BLOOM's Verlag nicht möglich gewesen wäre.

Mein besonderer Dank gilt meinen lieben Eltern, die mir mit ihrem unerschöpflichen Pragmatismus einige Male auf die Sprünge geholfen haben und die immer zur Stelle sind, wenn etwas fehlt. Lieber Dragos, thank you for inspiring me! Mit viel Tatkraft, ehrlichem Rat und schönen Fenstern standen mir meine Freunde Monika und Michael, Lena und Björn, Stefanie und Daniel, Stefanie und Oliver, Jonathan und Sina, Pia, Anke, Theresa und Sebastian zur Seite. Von ganzem Herzen danke! Ein riesiger Dank für die Bereitstellung ihrer Fenster geht an Antons Kofferkleider, Gröne Architektur, Hausverwaltung Dreker und Peitz Kaminbau.

Meinen BLOOM's-Kollegen, besonders Hella Henckel, Marion Bauer, Sabrina Weller und Kathrin Zoermer, danke für Eure Geduld und die schöne Umsetzung. Und zuletzt: Ohne super Fotografen keine super Fotos! Hendrik Lemke und René Deppe – danke für den Spaß und die Energie, die Ihr mitbringt!

» IMPRESSUM

HERAUSGEBER
BLOOM's GmbH, Ratingen (D)

REDAKTION
Hella Henckel (vwtl.)
Sabrina Weller

FLORALE GESTALTUNG UND IDEEN
Dany Eschenbüscher

GRAFIKDESIGN
Kathrin Zoermer

DTP
Gordian Jenal

FOTOS
Patrick Pantze Images GmbH, Lage
Dany Eschenbüscher

BLOOM's

© BLOOM's GmbH
Am Potekamp 6, 40885 Ratingen,
T +49 (0)2102 9644-0 | F +49 (0)2102 89607-3
info@blooms.de | blooms.de

1. Auflage 2019
ISBN 978-3-96563-020-8

Das Werk einschließlich aller seiner Teile ist urheberrechtlich geschützt. Jede Verwertung außerhalb der engen Grenzen des Urheberrechtsgesetzes ist ohne Zustimmung des Verlages unzulässig und strafbar. Das gilt insbesondere für Vervielfältigungen, Übersetzungen, Mikroverfilmungen und die Einspeicherung und Verarbeitung in elektronischen Systemen.

Ende

Lust auf mehr blumige Kreativideen?

144 Seiten
Format 24 x 28 cm
Hardcover
ISBN 978-3-945429-38-9

24,90 €

Je nachdem, was die Natur oder ihr Garten ihr bieten, gestaltet Floristin Carolin Wübbels mit Blüten, Gräsern, Zweigen und sonstigen Naturmaterialien. Vom traumhaften Sommerblumenkranz bis zu einfach nachzumachenden Sträußen oder besonderen Geschenkideen ist alles dabei.

Mehr Infos und Leseprobe unter:
blooms.de/blumenbinderin

Das Buch „Mach' was mit Glas" präsentiert 60 verschiedene Bastelideen mit dem Allround-Material in Kombination mit farbenfrohen Blühern. Schritt-für-Schritt-Anleitungen erläutern die Techniken, sodass die eigene Umsetzung im Nu gelingt.

Mehr Infos und Leseprobe unter:
blooms.de/machwasmitglas

112 Seiten
Format 25 x 28 cm
Broschur
ISBN 978-3-945429-39-6

16,90 €